CE LIVRE N'AURAIT JAMAIS VU LE JOUR SANS GREGORY, VAÏNUI, ALIX, SARAH ET CHARLOTTE. MERCI À LUI, MERCI À ELLES.
MERCI À BENJAMIN POUR NOS ÉCHANGES ET À PEDRO POUR SON REGARD AVISÉ.
UN MERCI TOUT PARTICULIER À ANKA D'AVOIR SU DÉMÊLER MES PENSÉES ET AJOUTER UNE DIMENSION UNIVERSELLE À CE PROJET.

DÉCROCHE

Bonne lecture Olivier
Laurent

« ABRAHAM, MARTIN AND JOHN »

ANYBODY HERE SEEN MY OLD FRIEND ABRAHAM ?
CAN YOU TELL ME WHERE HE'S GONE ?
HE FREED LOTTA PEOPLE BUT IT SEEMS THE GOOD THEY DIE YOUNG
YOU KNOW I JUST LOOKED AROUND AND HE'S GONE

ANYBODY HERE SEEN MY OLD FRIEND JOHN ?
CAN YOU TELL ME WHERE HE'S GONE ?
HE FREED LOTTA PEOPLE BUT IT SEEMS THE GOOD THEY DIE YOUNG
I JUST LOOKED AROUND AND HE'S GONE

ANYBODY HERE SEEN MY OLD FRIEND MARTIN ?
CAN YOU TELL ME WHERE HE'S GONE ?
HE FREED LOTTA PEOPLE BUT IT SEEMS THE GOOD THEY DIE YOUNG
I JUST LOOKED AROUND AND HE'S GONE

DIDN'T YOU LOVE THE THINGS THAT THEY STOOD FOR ?
DIDN'T THEY TRY TO FIND SOME GOOD FOR YOU AND ME ?
AND WE'LL BE FREE
SOME DAY SOON, IT'S GONNA BE ONE DAY

ANYBODY HERE SEEN MY OLD FRIEND BOBBY ?
CAN YOU TELL ME WHERE HE'S GONE ?
I THOUGHT I SAW HIM WALKIN' UP OVER THE HILL
WITH ABRAHAM, MARTIN, AND JOHN

(DICK HOLLER)

TUUUT

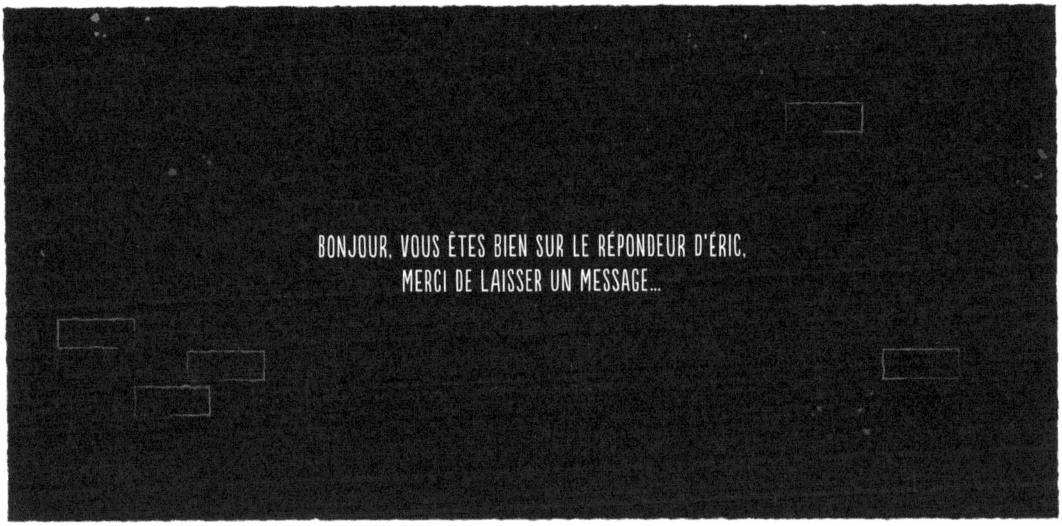
BONJOUR, VOUS ÊTES BIEN SUR LE RÉPONDEUR D'ÉRIC,
MERCI DE LAISSER UN MESSAGE...

TUUUT

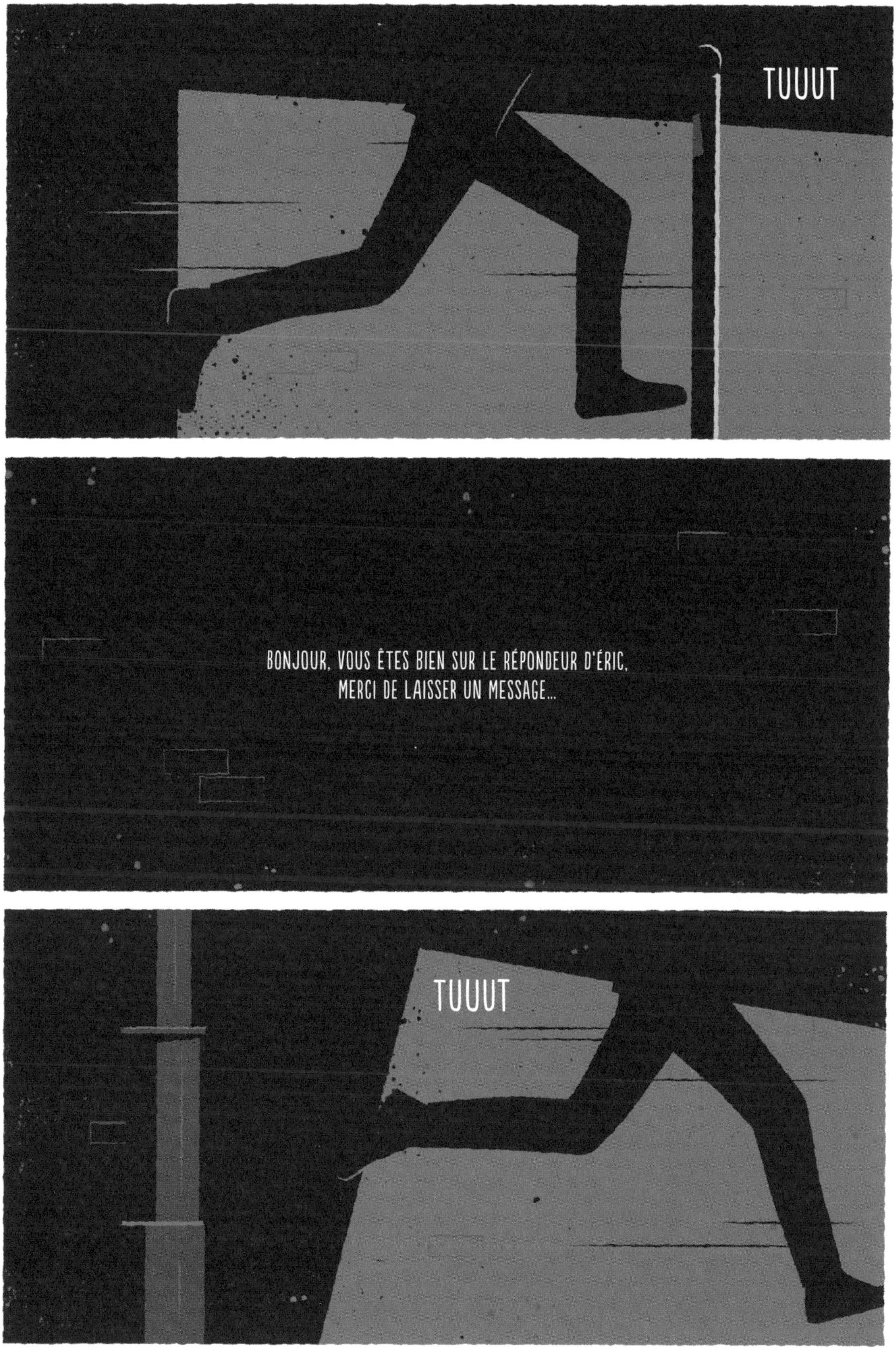
TUUUT
BONJOUR, VOUS ÊTES BIEN SUR LE RÉPONDEUR D'ÉRIC,
MERCI DE LAISSER UN MESSAGE...
TUUUT

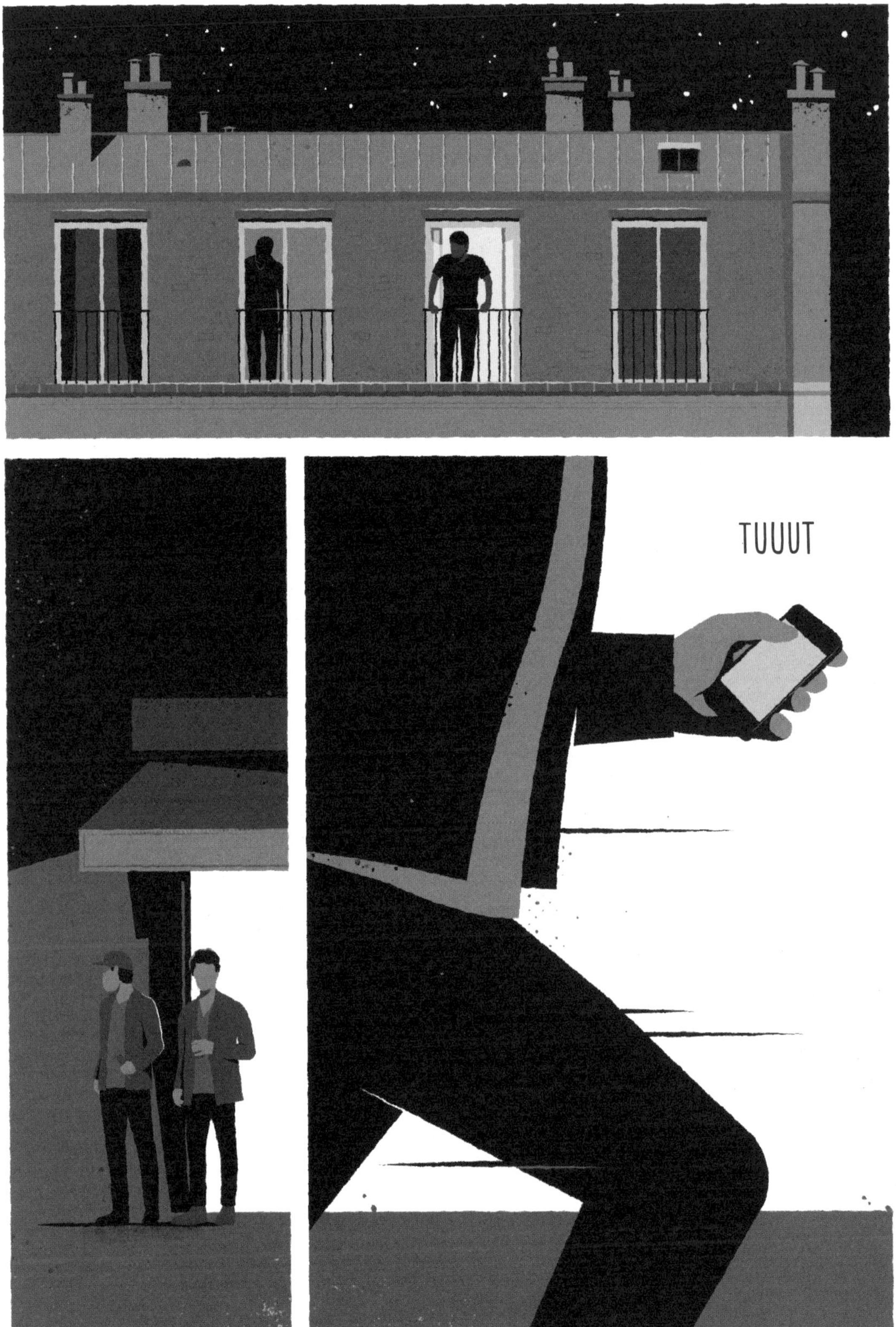
TUUUT

BONJOUR, VOUS ÊTES BIEN SUR LE RÉPONDEUR D'ÉRIC, MERCI DE LAISSER UN MESSAGE...
BONJOUR, VOUS ÊTES BIEN SUR LE RÉPONDEUR D'ÉRIC, MERCI DE LAISSER UN MESSAGE...
BONJOUR, VOUS ÊTES BIEN SUR LE RÉPONDEUR D'ÉRIC, MERCI DE LAISSER UN MESSAGE...
MAIS PUTAIN, DÉCROCHE !!

LAURENT DUVOUX

DÉCROCHE

Robert Laffont

CHAPITRE 1

DRRRRRR
DRRRRRR
DRRRRRR
ERIC
REPONDRE
HEY !
YO ! DIS-MOI, J'AI REPENSÉ À UN TRUC : VU QU'ON N'A PAS TROP DE BOULOT DEMAIN, ON POURRAIT ALLER VOIR L'EXPO DONT JE T'AI PARLÉ ?

CARRÉMENT, TU VEUX
QU'ON SE RETROUVE DEVANT ?
YES, ET ON TRACE AU BUREAU APRÈS.

À 10H ?
PARFAIT !
À DEMAIN !

JE NE SAIS PAS TROP
PAR OÙ COMMENCER…

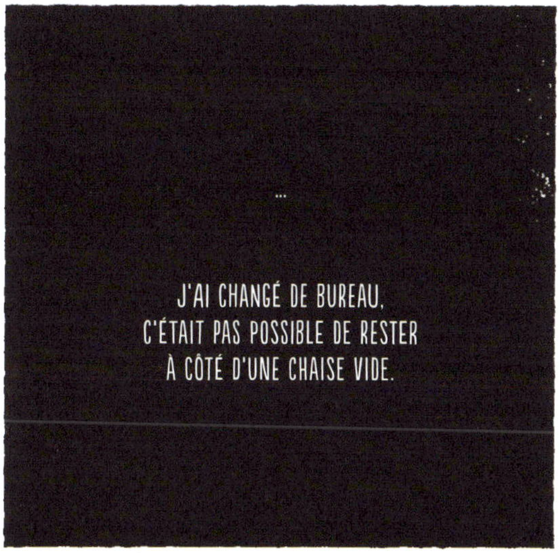
...
J'AI CHANGÉ DE BUREAU,
C'ÉTAIT PAS POSSIBLE DE RESTER
À CÔTÉ D'UNE CHAISE VIDE.

J'AI DÛ FAIRE DU TRI.
TU AVAIS TENDANCE À TOUT GARDER, MÊME DES TRUCS COMPLÈTEMENT INUTILES.
J'AI QUAND MÊME CONSERVÉ QUELQUES AFFAIRES À TOI.
TES CARNETS, SURTOUT.

TU M'EN VEUX ?

BIP BIP BIP BIP

08:00
Alarme
BIP BIP BIP BIP BIP BIP BIP

BIP BIP BIP BIP BIP BIP BIP

09:3

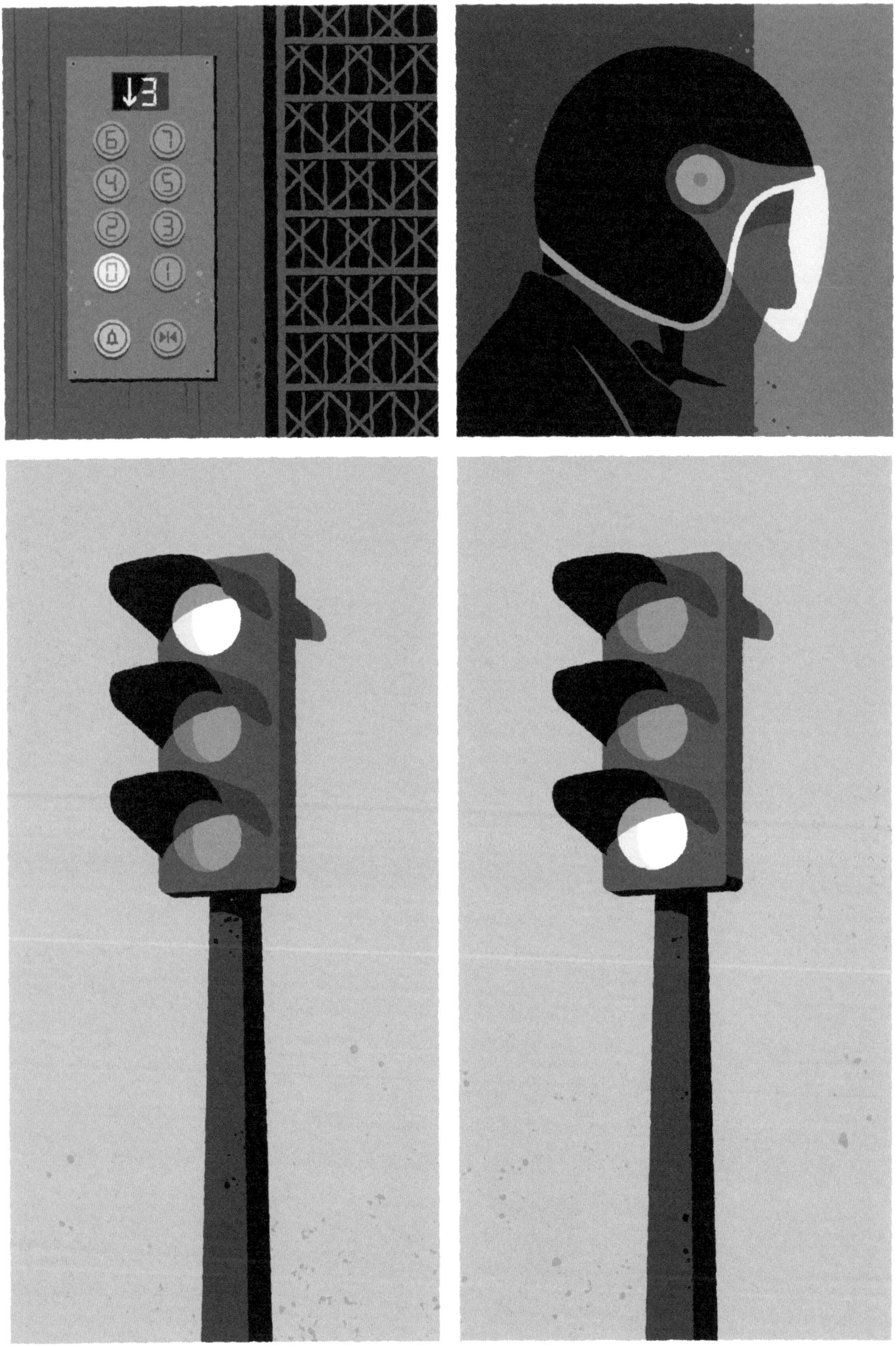
↓3

FLUCTUAT
NEC
MERGITUR

CHAPITRE 2

BAR
LE FESTIV'
RESTO

À ÉRIC !
À ÉRIC !
À ÉRIC !

JE VAIS Y ALLER AUSSI, C'ÉTAIT UNE BELLE SOIRÉE. TOUT LE MONDE ÉTAIT HEUREUX D'ÊTRE LÀ...
ÇA FAIT DU BIEN DE TOUS SE RETROUVER...

ET N'OUBLIE PAS CE QUE JE T'AI DIT POUR LE BUREAU. TU ES LE BIENVENU SI TU VEUX. PRENDS LE TEMPS D'Y RÉFLÉCHIR ET N'HÉSITE PAS À NOUS REJOINDRE SI TU LE SOUHAITES.
MERCI, PATRICK. JE VAIS Y RÉFLÉCHIR, OUI.

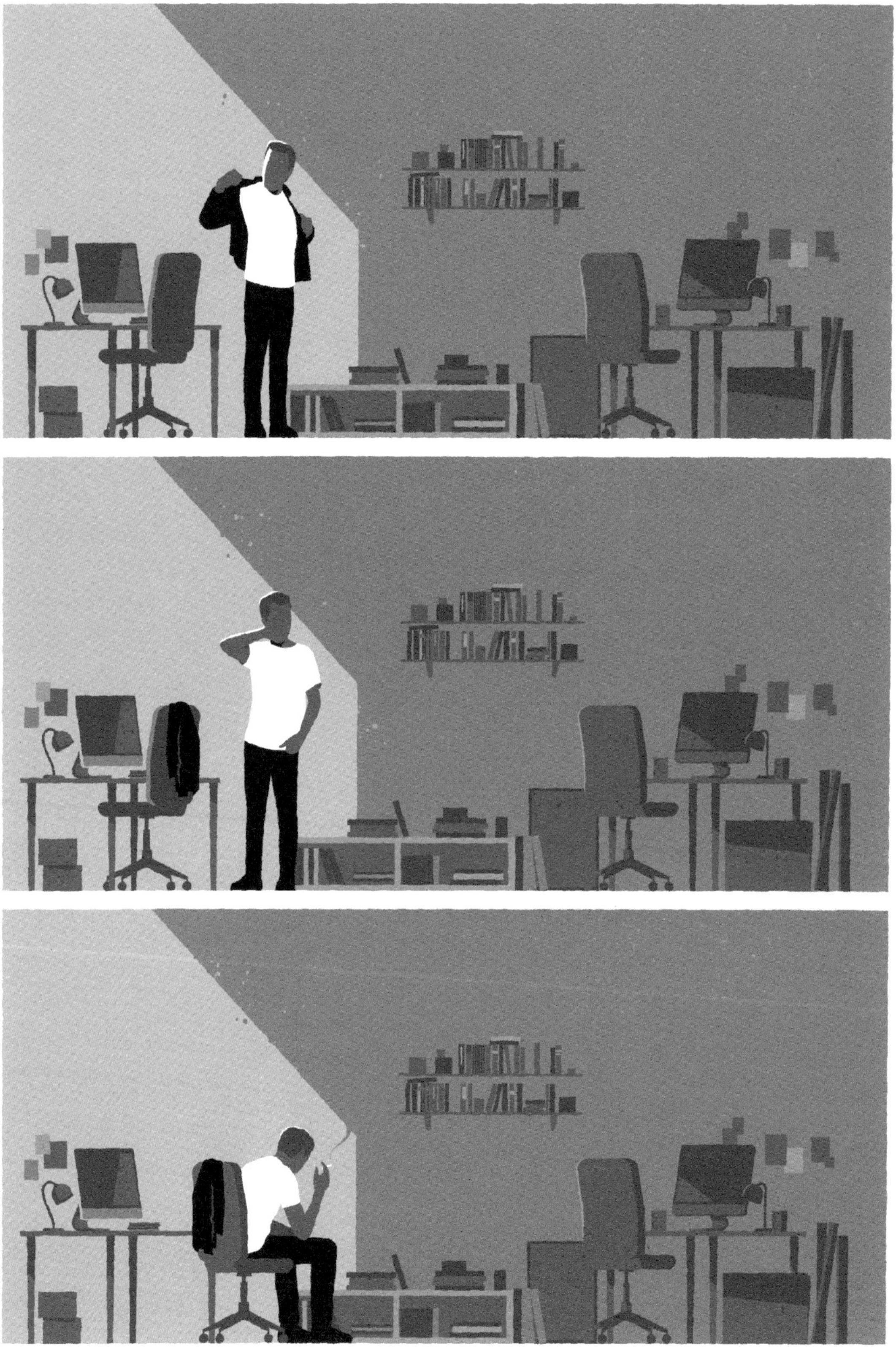

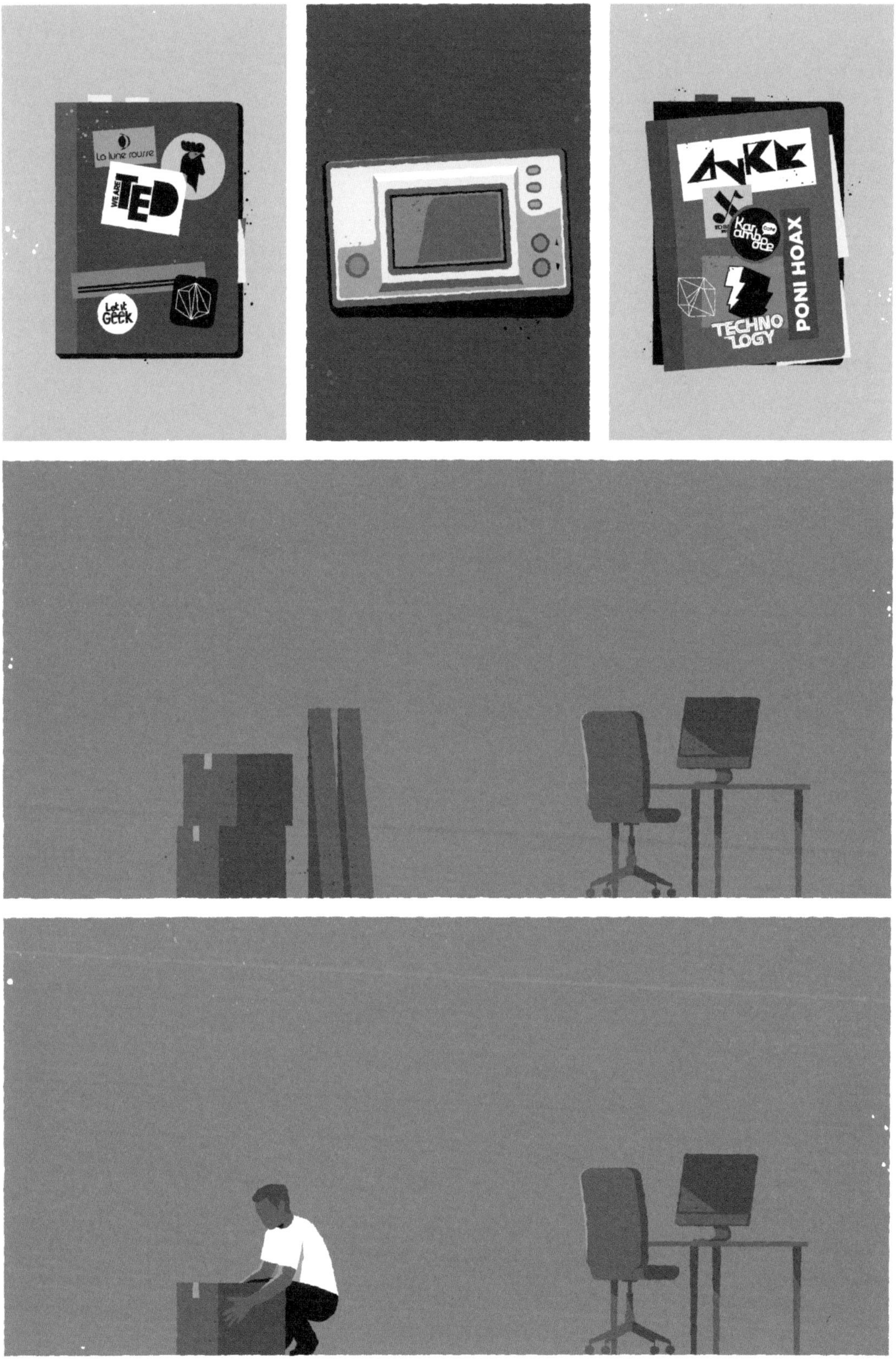
La lune rousse
WE ARE TED
Let it Geek
PONI HOAX
TECHNO LOGY

WWW.WEARETED.COM
SOULWAX

Pray for Paris

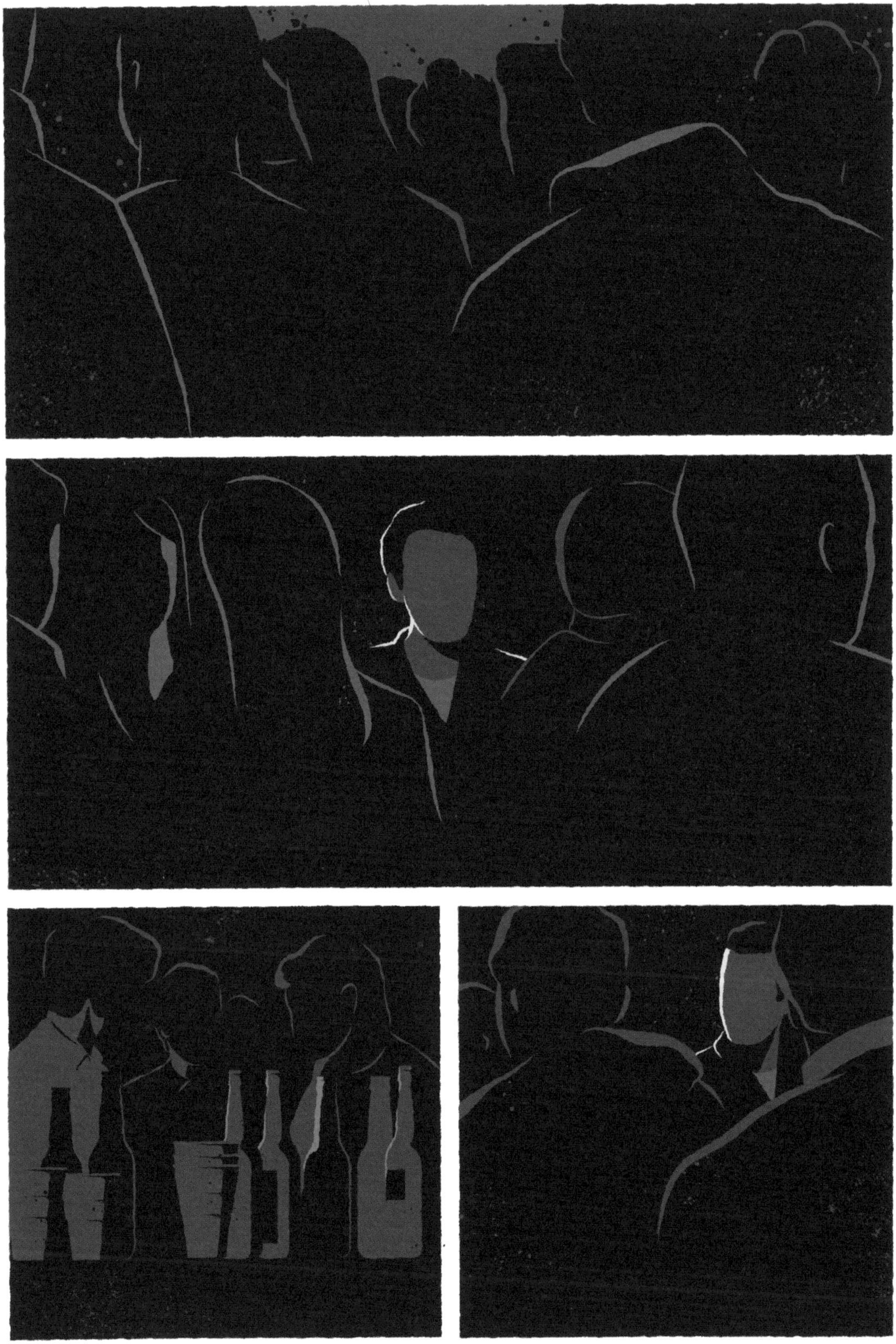

ÇA VA, MON LOLO ?
OUI... C'EST JUSTE...
LES FEUX DE BENGALE...
L'ODEUR DE LA POUDRE...
MAIS ÇA VA ALLER, T'INQUIÈTE PAS.
OK, PRENDS TON TEMPS.
TU NOUS REJOINS APRÈS ?

TRÈS HONNÊTEMENT, JE NE SAIS PAS SI JE VAIS Y ARRIVER SEUL.
JE NE SAIS PAS COMMENT ÇA VA SE PASSER. J'ÉTAIS TELLEMENT HABITUÉ À TRAVAILLER AVEC TOI.

PLEIN DE PETITS DÉTAILS ME RAPPELLENT
QUE TU N'ES PLUS LÀ.
COMME CHOISIR LA MUSIQUE
QUE JE VAIS ÉCOUTER EN TRAVAILLANT.
TU DÉNICHAIS TOUJOURS TOUT UN TAS DE GROUPES.
AUJOURD'HUI, C'EST UN ALGORITHME
QUI ME PROPOSE DE NOUVEAUX ARTISTES...
ET J'ADORAIS QU'ON FASSE DES EXPOS ENSEMBLE.
MON PÈRE M'ACCOMPAGNE PARFOIS,
MAINTENANT.
MAIS JE NE SAIS PAS VERS QUI ME TOURNER
QUAND JE TOMBE SUR UN ARTISTE
QU'ON AIMAIT BIEN TOUS LES DEUX.
JE RÉALISE QUE TU ES LA SEULE PERSONNE
AVEC QUI JE POURRAIS EN PARLER...

J'ARRÊTE PAS DE ME DEMANDER OÙ TU ES PASSÉ...
ON ÉTAIT CÔTE À CÔTE, POURTANT...
MAIS UNE FOIS AU SOL, IMPOSSIBLE DE SAVOIR OÙ TU ÉTAIS...

J'AI LU QU'ILS TIRAIENT SUR LES GENS DONT LE TÉLÉPHONE SONNAIT...
MAIS PUTAIN, DÉCROCHE !!
EST-CE QU'ILS T'ONT TIRÉ DESSUS PARCE QUE JE TENTAIS DE TE JOINDRE ?
ON A APPELÉ LES HÔPITAUX TOUTE LA NUIT...
C'EST SEULEMENT LE LENDEMAIN QU'ON A EU LA CONFIRMATION...

CHAPITRE 3

J'AI FAIT AUSSI VITE QUE J'AI PU.
ENTRE, ELLE EST AU TÉLÉPHONE.

CINDY SHERMAN
PIETER HUGO
RON MUECK
LORETTA LUX
MAX ERNST
Nick Knight
KEHINDE WILEY
IRVING PENN SMALL TRADES
TARYN SIMON
Voigtländer

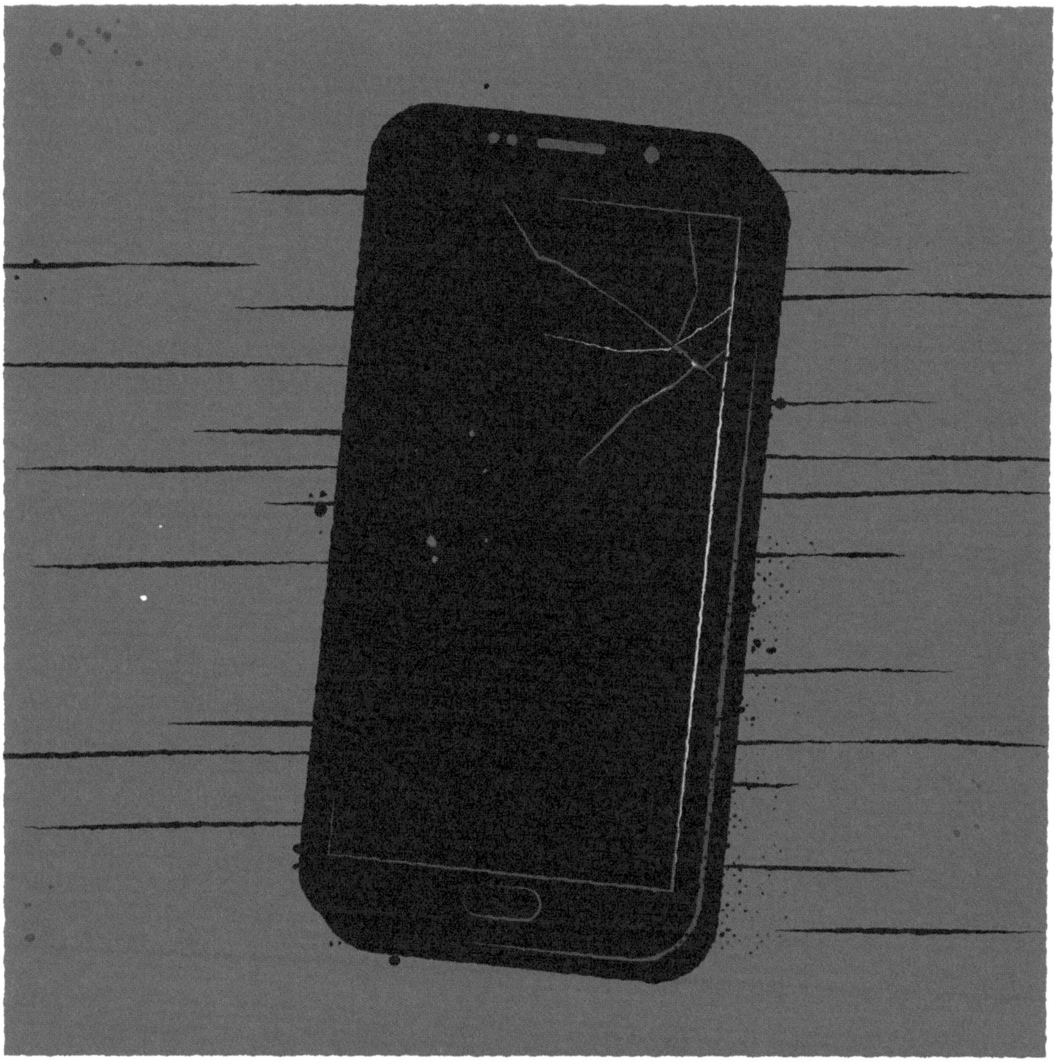

EST-CE… QU'ON PEUT FAIRE QUELQUE CHOSE ?
TU VOUDRAIS BIEN CHANGER L'AMPOULE DANS L'ENTRÉE ?
ÇA FAIT DEUX SEMAINES QU'ÉRIC DEVAIT S'EN OCCUPER… JE VAIS PAS POUVOIR LE FAIRE.

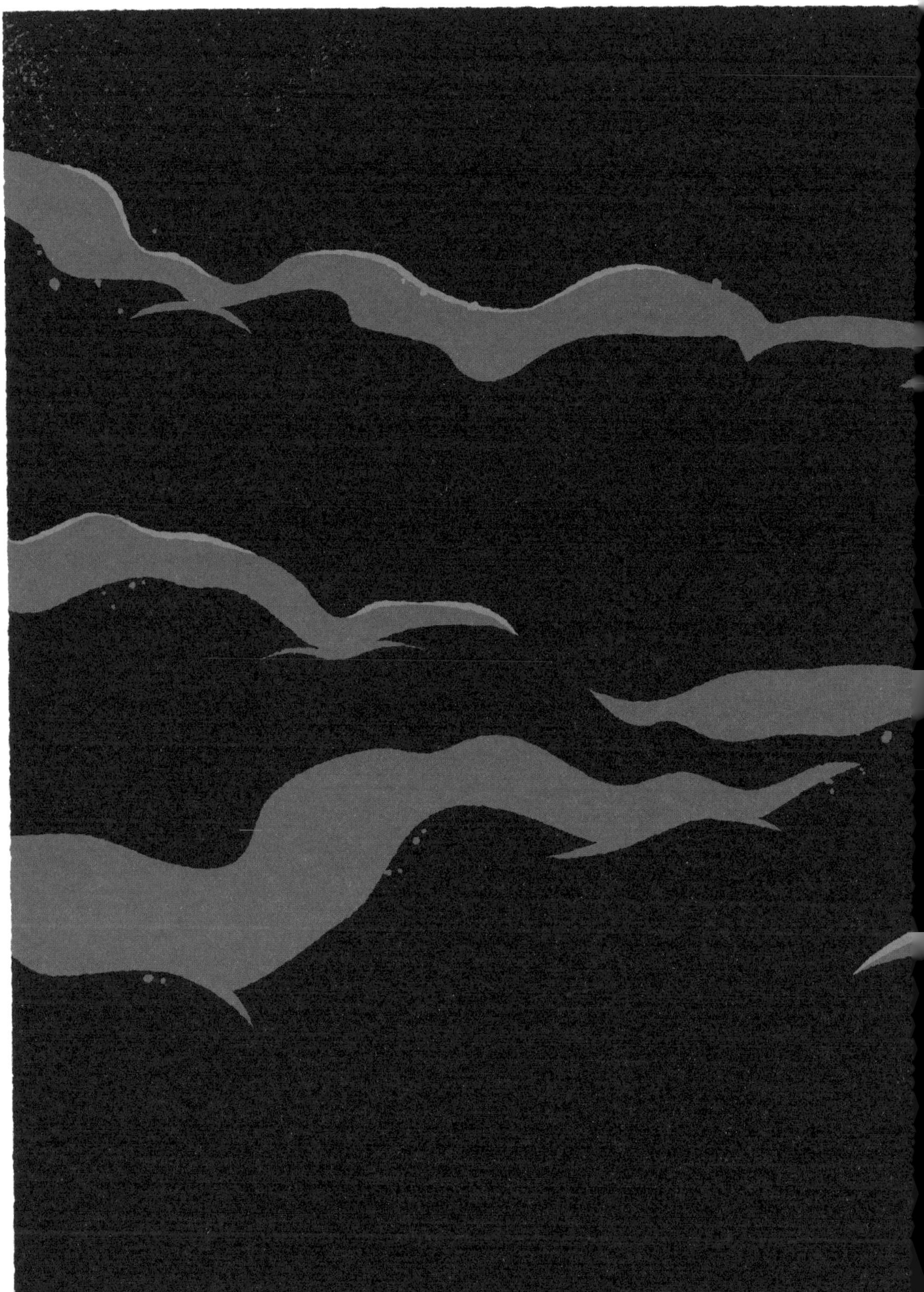

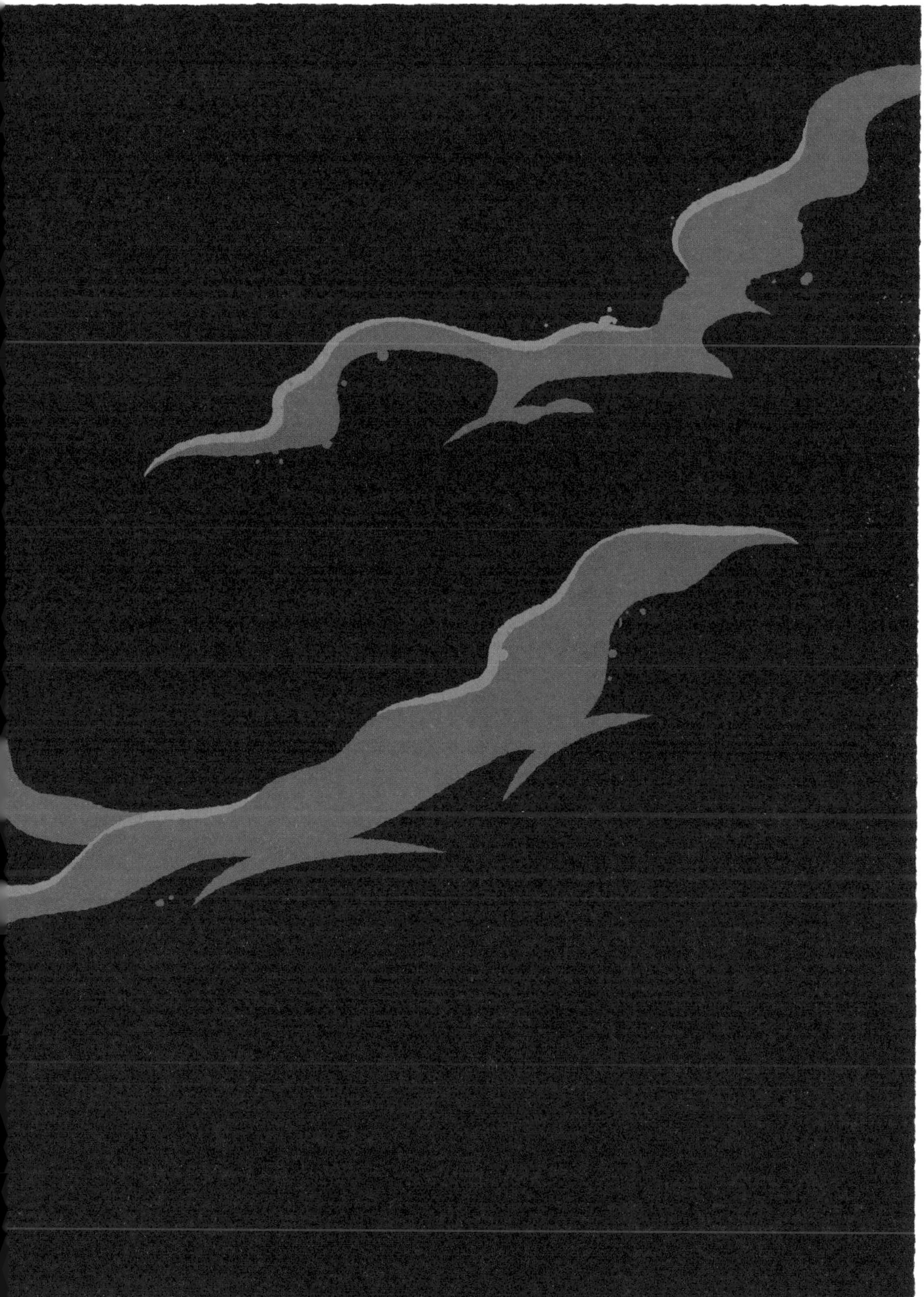

P
2 ROUES
PATRICK CRISSA
THE WALK PROD.
SO·ENT.
JMT
ARTHUR LECOURE
HELENE & DIMITRI
CLAIRE METZ
MINIPAX
LAURENT DUVOUX
BONJOUR, JE SUIS L'AMI DE PATRICK.
AH OUI, LAURENT, C'EST ÇA ?
ENCHANTÉ !

UNE
PENSÉE
POUR TOI
SAMUEL

TOUT VA BIEN ?
JE SUIS À UN TOURNANT DE MA VIE.
S. ECKERT
HELLO !

BIENVENUE !
HEY !
MERCI, PATRICK !
ÇA VA, TU AS PU APPORTER TOUTES TES AFFAIRES CE WEEK-END ? TU AS TOUT CE QU'IL FAUT ?
OUI, SUPER, DÉSOLÉ POUR LE BORDEL, JE FINIS DE VIDER MES CARTONS AUJOURD'HUI.

T'INQUIÈTE PAS, INSTALLE-TOI TRANQUILLEMENT,
ET APRÈS JE TE FERAI FAIRE LE TOUR
DES BUREAUX POUR TE PRÉSENTER TOUT LE MONDE.
TU CONNAIS DÉJÀ DEUX TROIS PERSONNES.
MAIS IL Y A QUELQU'UN
EN PARTICULIER QUE...
TOC TOC
OUI ?

SALUT, JE NE VOUS DÉRANGE PAS ?
PAS DU TOUT, J'ALLAIS JUSTEMENT PARLER DE TOI À LAURENT.
AH ? BON...
SALUT, LAURENT.
MOI C'EST CLAIRE.
PATRICK NOUS A RACONTÉ CE QU'IL T'EST ARRIVÉ ET...
C'EST UN PEU BIZARRE DE SE PRÉSENTER COMME ÇA...
... MAIS JE PRÉFÈRE QUE CE SOIT MOI QUI T'EN PARLE...

VOILÀ...
CE SOIR-LÀ...
J'ÉTAIS AU CARILLON...

BAM
BAM
BAM
BAM
BAM
BAM
BAM
BAM
BAM
BAM
BAM
BAM

ANKA ?
ÇA VA ???

OUI... ÇA VA...
C'ÉTAIT JUSTE UN CAUCHEMAR.
BONJOUR, VOUS ÊTES BIEN SUR LE RÉPONDEUR D'ÉRIC...

... MERCI DE LAISSER UN MESSAGE.
BONJOUR, VOUS ÊTES BIEN SUR LE RÉPONDEUR D'ÉRIC...
LAURENT !

T'ARRÊTE PAS, PUTAIN !!

CHAPITRE 4

ON EST BIEN EN AVANCE. ON SE POSE POUR BOIRE UN VERRE AVANT ?
ON EST TOUS LÀ ?
ON ATTEND JUSTE YANNICK.
TIENS, QUAND ON PARLE DU LOUP !

SALUT TOUT LE MONDE !

OH YANNICK !
ÇA FAIT UN BAIL !
MAIS GRAVE !
JE SUIS CONTENT DE TE VOIR.
QU'EST-CE QUE TU RACONTES DE BEAU ?

ET ÇA VA COMMENT LE BOULOT ?
ÇA VA SUPER, PAS MAL DE PROJETS QUI ARRIVENT.
CANON, JE SUIS TELLEMENT CONTENT POUR VOUS !
MERCI, OUI, C'EST COOL, ÇA VA FAIRE BIENTÔT DIX ANS QU'ON A MONTÉ LE STUDIO, TU TE RENDS COMPTE ?
ET COMMENT VA LAURENCE ? C'EST POUR BIENTÔT, NON ?
DANS UN MOIS !
AH, DÉJÀ ! ALORS, GARÇON ? FILLE ?

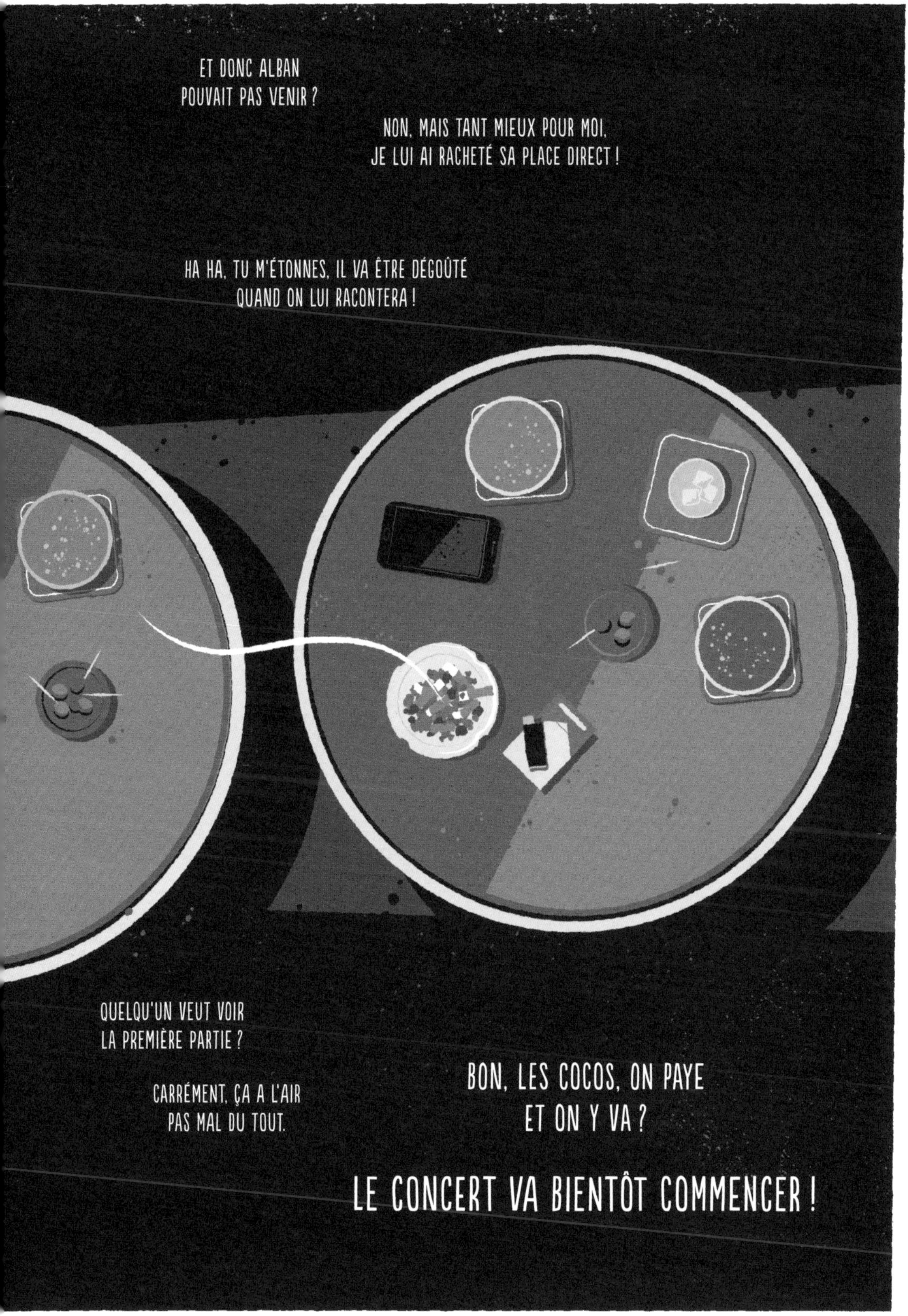

ET DONC ALBAN POUVAIT PAS VENIR ?
NON, MAIS TANT MIEUX POUR MOI, JE LUI AI RACHETÉ SA PLACE DIRECT !
HA HA, TU M'ÉTONNES, IL VA ÊTRE DÉGOÛTÉ QUAND ON LUI RACONTERA !
QUELQU'UN VEUT VOIR LA PREMIÈRE PARTIE ?
CARRÉMENT, ÇA A L'AIR PAS MAL DU TOUT.
BON, LES COCOS, ON PAYE ET ON Y VA ?
LE CONCERT VA BIENTÔT COMMENCER !

SERVICE CONTINU
SALUT, MAMAN.
ALORS, ÇA VA ? TU ES BIEN INSTALLÉ DANS TON NOUVEAU BUREAU ?

OUI, JE SUIS CONTENT.
IL Y A UNE BONNE AMBIANCE
ET JE SUIS BIEN ENTOURÉ.
ET… ÇA NE TE GÊNE PAS
DE TRAVAILLER JUSTE À CÔTÉ ?
NON, ÇA VA…
J'ESSAYE DE NE PAS
TROP Y PENSER.
DIS-MOI… ÇA TE DÉRANGERAIT
QU'ON Y PASSE APRÈS ?
…
SI TU VEUX, MAMAN.

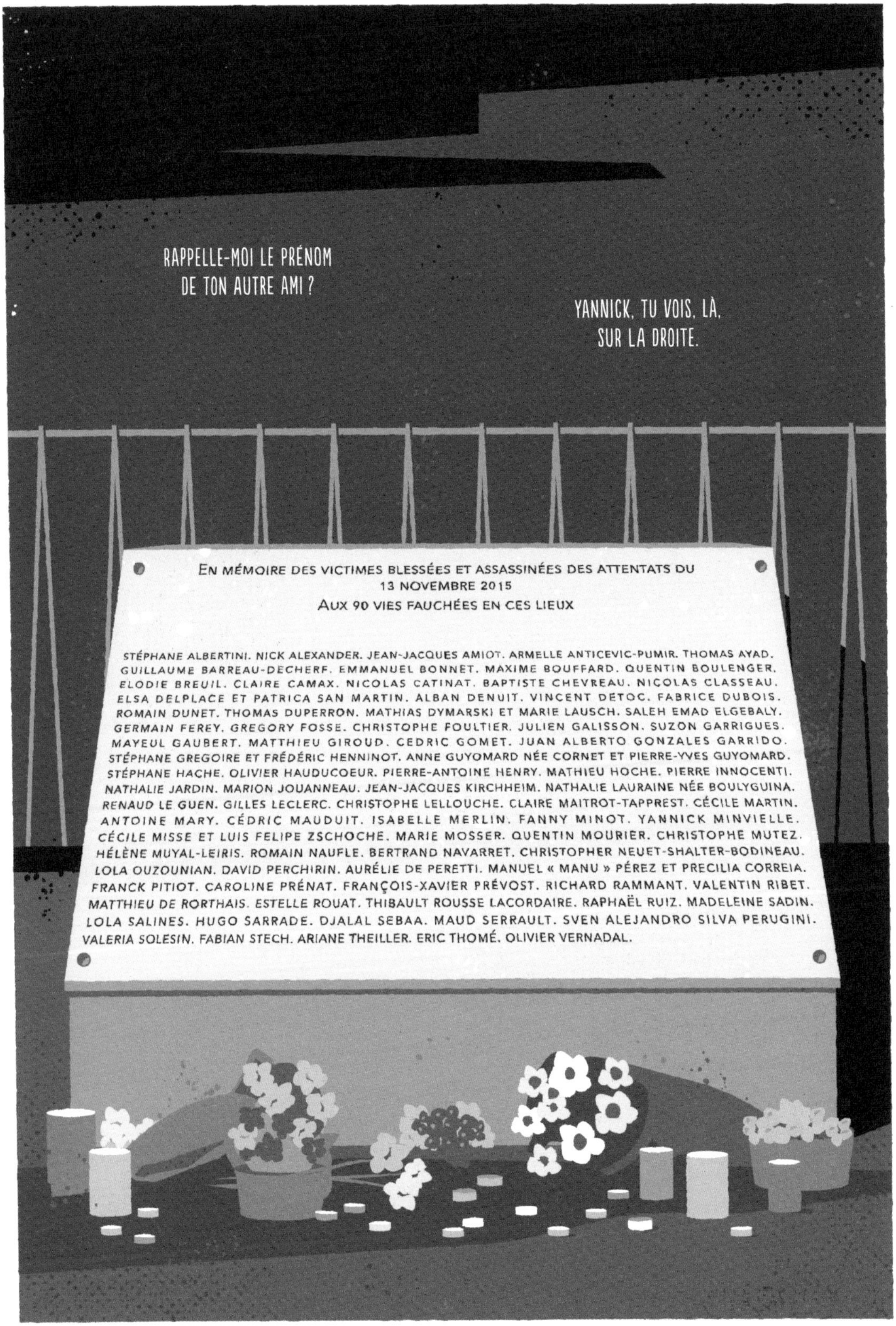

RAPPELLE-MOI LE PRÉNOM DE TON AUTRE AMI ?
YANNICK, TU VOIS, LÀ, SUR LA DROITE.
EN MÉMOIRE DES VICTIMES BLESSÉES ET ASSASSINÉES DES ATTENTATS DU
13 NOVEMBRE 2015
AUX 90 VIES FAUCHÉES EN CES LIEUX
STÉPHANE ALBERTINI. NICK ALEXANDER. JEAN-JACQUES AMIOT. ARMELLE ANTICEVIC-PUMIR. THOMAS AYAD.
GUILLAUME BARREAU-DECHERF. EMMANUEL BONNET. MAXIME BOUFFARD. QUENTIN BOULENGER.
ELODIE BREUIL. CLAIRE CAMAX. NICOLAS CATINAT. BAPTISTE CHEVREAU. NICOLAS CLASSEAU.
ELSA DELPLACE ET PATRICA SAN MARTIN. ALBAN DENUIT. VINCENT DETOC. FABRICE DUBOIS.
ROMAIN DUNET. THOMAS DUPERRON. MATHIAS DYMARSKI ET MARIE LAUSCH. SALEH EMAD ELGEBALY.
GERMAIN FEREY. GREGORY FOSSE. CHRISTOPHE FOULTIER. JULIEN GALISSON. SUZON GARRIGUES.
MAYEUL GAUBERT. MATTHIEU GIROUD. CEDRIC GOMET. JUAN ALBERTO GONZALES GARRIDO.
STÉPHANE GREGOIRE ET FRÉDÉRIC HENNINOT. ANNE GUYOMARD NÉE CORNET ET PIERRE-YVES GUYOMARD.
STÉPHANE HACHE. OLIVIER HAUDUCOEUR. PIERRE-ANTOINE HENRY. MATHIEU HOCHE. PIERRE INNOCENTI.
NATHALIE JARDIN. MARION JOUANNEAU. JEAN-JACQUES KIRCHHEIM. NATHALIE LAURAINE NÉE BOULYGUINA.
RENAUD LE GUEN. GILLES LECLERC. CHRISTOPHE LELLOUCHE. CLAIRE MAITROT-TAPPREST. CÉCILE MARTIN.
ANTOINE MARY. CÉDRIC MAUDUIT. ISABELLE MERLIN. FANNY MINOT. YANNICK MINVIELLE.
CÉCILE MISSE ET LUIS FELIPE ZSCHOCHE. MARIE MOSSER. QUENTIN MOURIER. CHRISTOPHE MUTEZ.
HÉLÈNE MUYAL-LEIRIS. ROMAIN NAUFLE. BERTRAND NAVARRET. CHRISTOPHER NEUET-SHALTER-BODINEAU.
LOLA OUZOUNIAN. DAVID PERCHIRIN. AURÉLIE DE PERETTI. MANUEL « MANU » PÉREZ ET PRECILIA CORREIA.
FRANCK PITIOT. CAROLINE PRÉNAT. FRANÇOIS-XAVIER PRÉVOST. RICHARD RAMMANT. VALENTIN RIBET.
MATTHIEU DE RORTHAIS. ESTELLE ROUAT. THIBAULT ROUSSE LACORDAIRE. RAPHAËL RUIZ. MADELEINE SADIN.
LOLA SALINES. HUGO SARRADE. DJALAL SEBAA. MAUD SERRAULT. SVEN ALEJANDRO SILVA PERUGINI.
VALERIA SOLESIN. FABIAN STECH. ARIANE THEILLER. ERIC THOMÉ. OLIVIER VERNADAL.

CE SOIR-LÀ, ILS ONT PASSÉ PRESQUE TOUT LEUR TEMPS ENSEMBLE AU BAR AVANT LE CONCERT... ILS NE S'ÉTAIENT PAS VUS DEPUIS LONGTEMPS...
ON Y VA ?

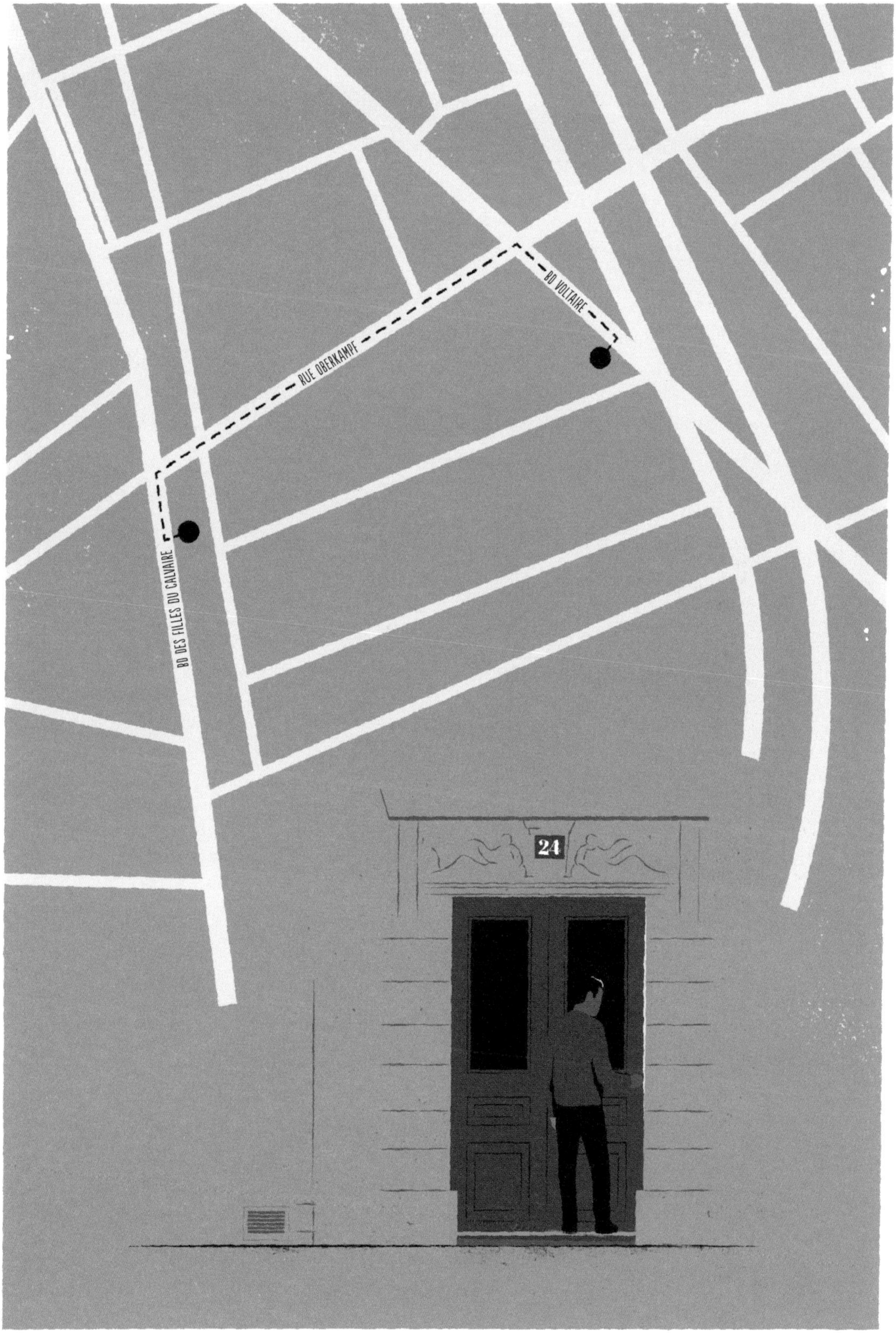
BD VOLTAIRE
RUE OBERKAMPF
BD DES FILLES DU CALVAIRE
24

ON SE CROISE JUSTE,
JE PARS À UN RENDEZ-VOUS.
T'AS LE BUREAU POUR TOI
TOUT SEUL CET APRÈS-MIDI.
AH, OK !
À DEMAIN, ALORS.

T'AS VU LE MAIL
QU'ON VIENT DE RECEVOIR ?
TRÈS COOL CE MORCEAU,
C'EST QUI ?

QU'EST-CE QUE TU FAIS LÀ ??

SYMPA, TON NOUVEAU BUREAU, DIS-MOI.
UN PEU LOIN DE CHEZ MOI, MAIS VU QUE TU M'AS PAS DEMANDÉ MON AVIS.
JE T'AI POSÉ UNE QUESTION. QU'EST-CE QUE TU FOUS LÀ ?

BAH JE REVIENS TRAVAILLER, T'ES MARRANT.

PARDON ?? NON, MAIS ÇA M'ARRANGE PAS QUE TU REVIENNES COMME ÇA !
TU CROIS SÉRIEUSEMENT QUE TU PEUX TE POINTER COMME UNE FLEUR ?
JE M'EN SORS TRÈS BIEN TOUT SEUL, FIGURE-TOI !

OH, TU M'ENTENDS QUAND JE TE PARLE ??
C'EST TROP TARD, TU COMPRENDS ÇA ?
FINALEMENT, ÇA T'ARRANGE BIEN QUE JE SOIS MORT, NON ?

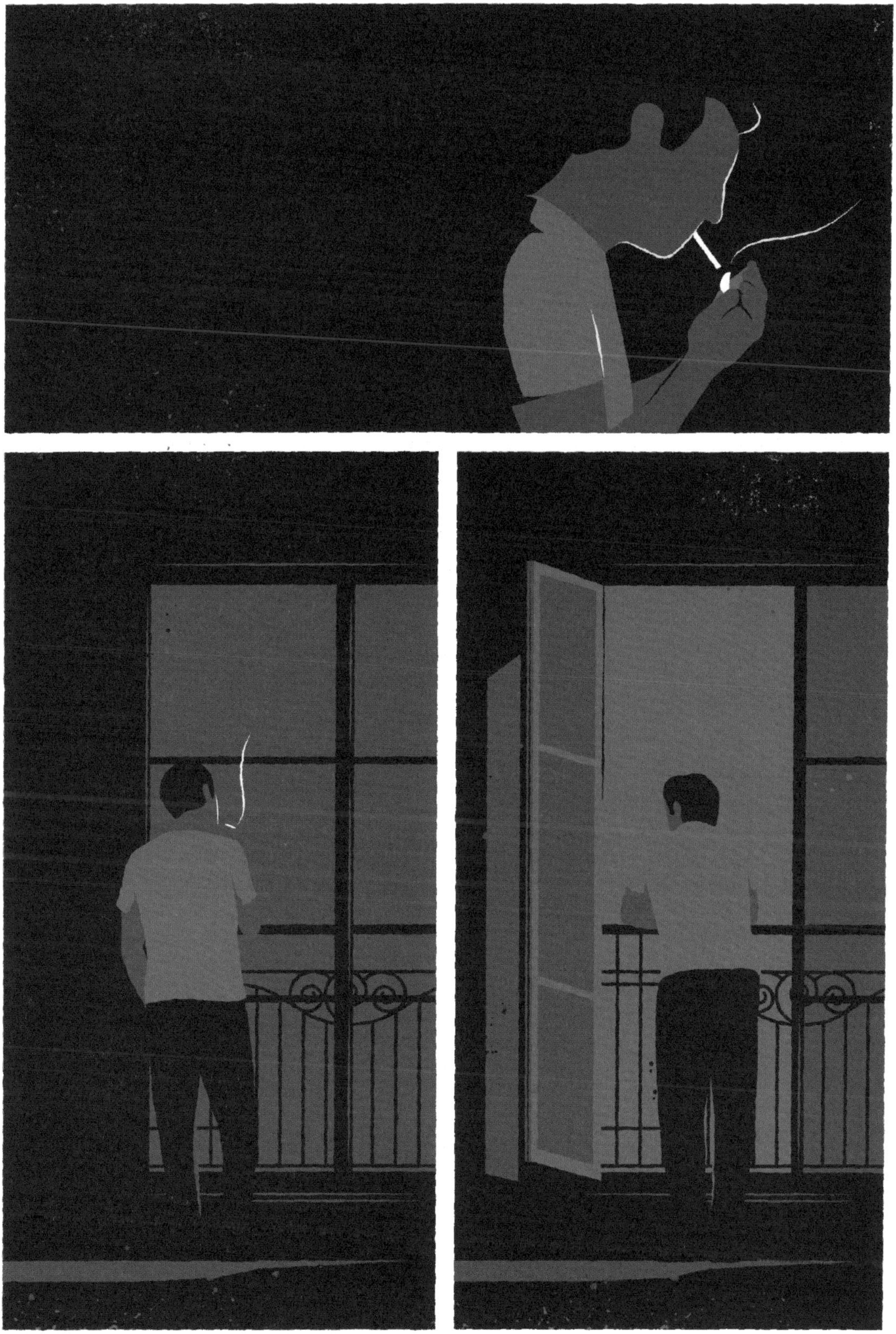

Au Décalé

CHAPITRE 5

VESTIAIRE
108
109

OUAH, C'ÉTAIT TELLEMENT COOL !
MAIS BON, AVEC LAURENCE QUI ACCOUCHE BIENTÔT, JE SAIS PAS QUAND J'AURAI L'OCCASION DE REMETTRE ÇA...
JE TE RAPPELLE QU'ON A NOS PLACES POUR LES EAGLES OF DEATH METAL DANS DEUX SEMAINES.

AH MAIS OUI !
UN DERNIER CONCERT POUR LA ROUTE,
C'EST BON ÇA !!

2manydjs
30/10/2015
ZIG ZAG
12 1 2 3 4 5 6 7 8 9 10 11
Est 1703 Rum
XO
Est 1703 Rum
XO

Laurent, je voulais juste te dire combien nous som....
On pense fort à vous deux. On vous envoie de la for....
Je pense beaucoup à toi mon lolo. On s'appelle q....

MAIS DÉTENDS-TOI.

TU SAIS TRÈS BIEN
QUE JE VAIS PAS REVENIR.

ET PUIS JE VOUDRAIS SURTOUT PAS PERTURBER TES PLANS.
T'AS L'AIR DE TRÈS BIEN T'EN SORTIR SANS MOI.
À CROIRE QUE
T'ATTENDAIS QUE ÇA...
C'EST VRAI, QUAND J'Y PENSE,
ÇA N'A PAS TRAÎNÉ POUR QUE TU TE REMETTES SUR PIED.

REGARDE-TOI, PAS UNE ÉGRATIGNURE, MÊME PAS DE SÉQUELLES PSYCHOLOGIQUES.
UN NOUVEAU BUREAU, DE NOUVEAUX AMIS, T'AS REPRIS TA PETITE VIE TRANQUILLE, QUOI.
ET MÊME PLUTÔT MIEUX QU'AVANT, HEIN ?

ALLEZ, TU PEUX ME LE DIRE MAINTENANT,
ÇA FAISAIT COMBIEN DE TEMPS QUE T'Y PENSAIS ?
NON PARCE QUE FAUT PAS ME PRENDRE POUR UN CON.
JE SAIS BIEN QUE JE TE SAOULAIS, PARFOIS.

HONNÊTEMENT, TU T'ES JAMAIS DIT : « EST-CE QUE JE SERAIS PAS MIEUX TOUT SEUL POUR TRAVAILLER SANS L'AUTRE RELOU ? »
« FINI LES CONCESSIONS, FINI DE SUPPORTER SES HUMEURS. »
EH BIEN VOILÀ, TU AS ÉTÉ EXAUCÉ.

T'OSAIS PAS M'EN PARLER, C'EST ÇA ?
AU FOND DE TOI T'EN RÊVAIS, NON ?

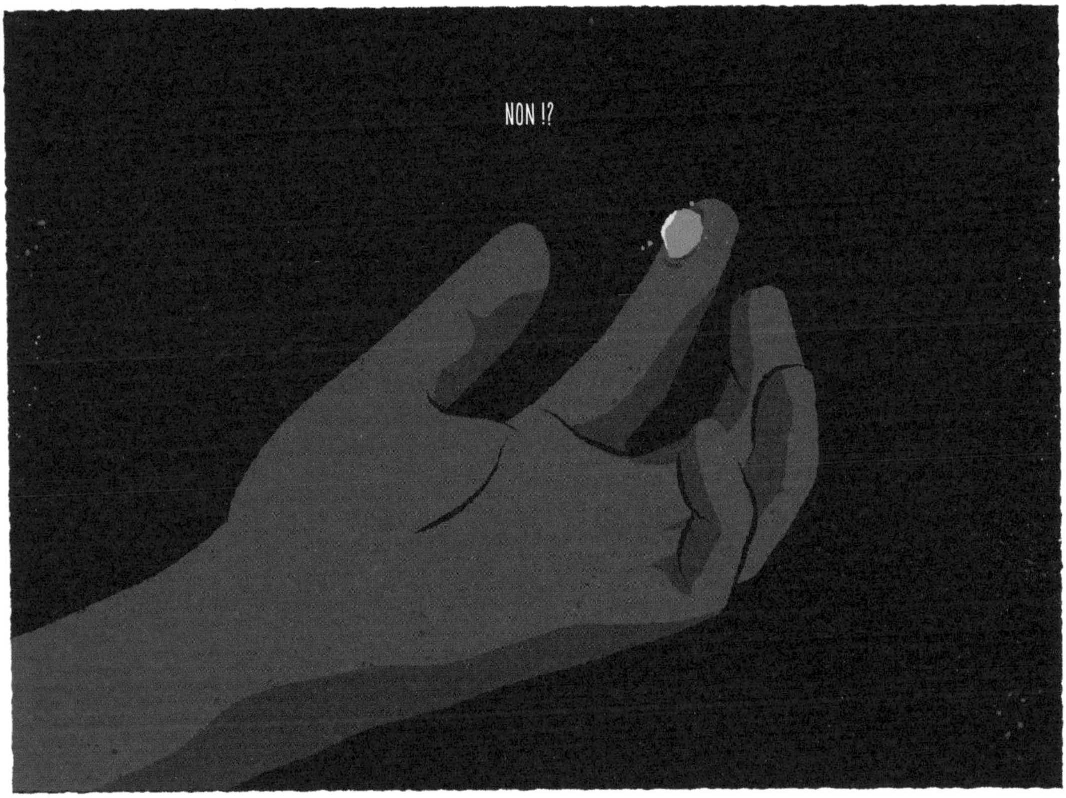
NON !?

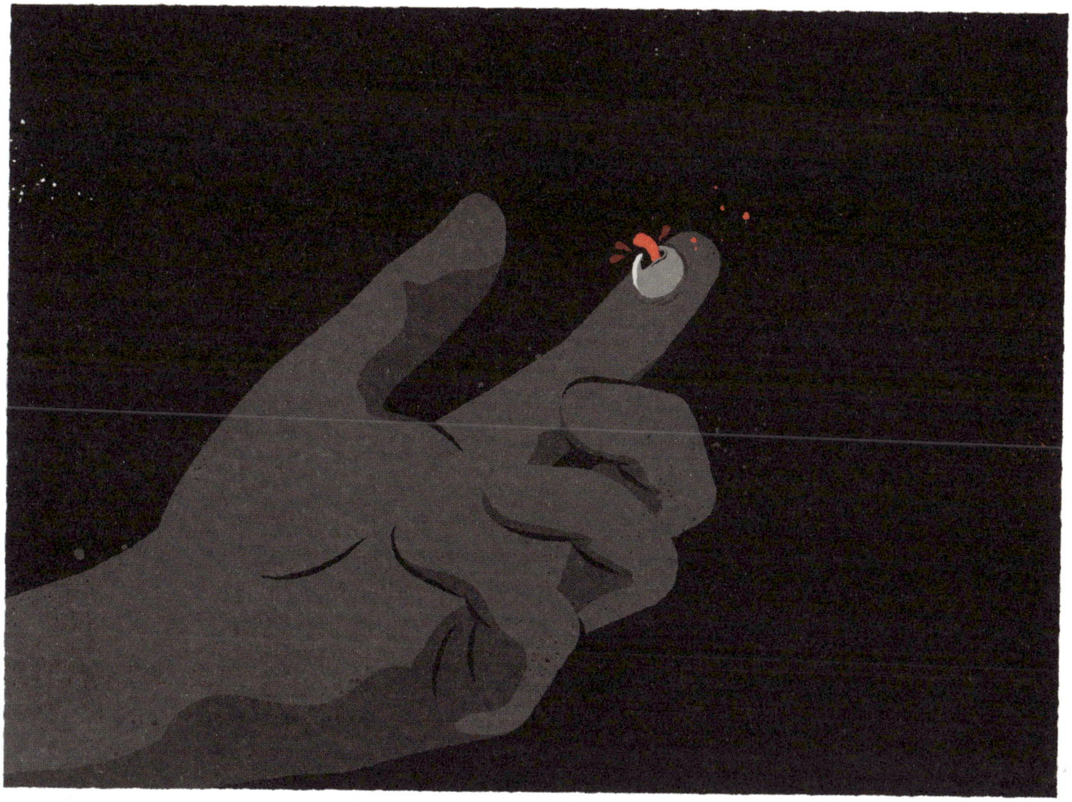

OH ! JE TE PARLE !!

TU TROUVES PAS ÇA DÉGUEULASSE ?
C'EST QUAND MÊME INJUSTE QUE CE SOIT TOMBÉ SUR MOI, NON ?
J'ALLAIS ÊTRE PAPA POUR LA DEUXIÈME FOIS !

TOI, TU VAS VIVRE !
TU VAS VOIR MES FILLES GRANDIR !
ET TOUT IRA
TRÈS BIEN POUR TOI !
ALORS, DE QUOI
TU TE PLAINS ??

TU DIS
PLUS RIEN ?

TU VOULAIS
PARLER, NON ??

ALORS, PARLE !
DIS QUELQUE CHOSE !!!
PARLE, PUTAIN !!!

ÉPILOGUE

IL EST TELLEMENT COOL LE CHANTEUR QU'ON A ENVIE DE MONTER SUR SCÈNE LUI FAIRE DES BISOUS, NON ?!!

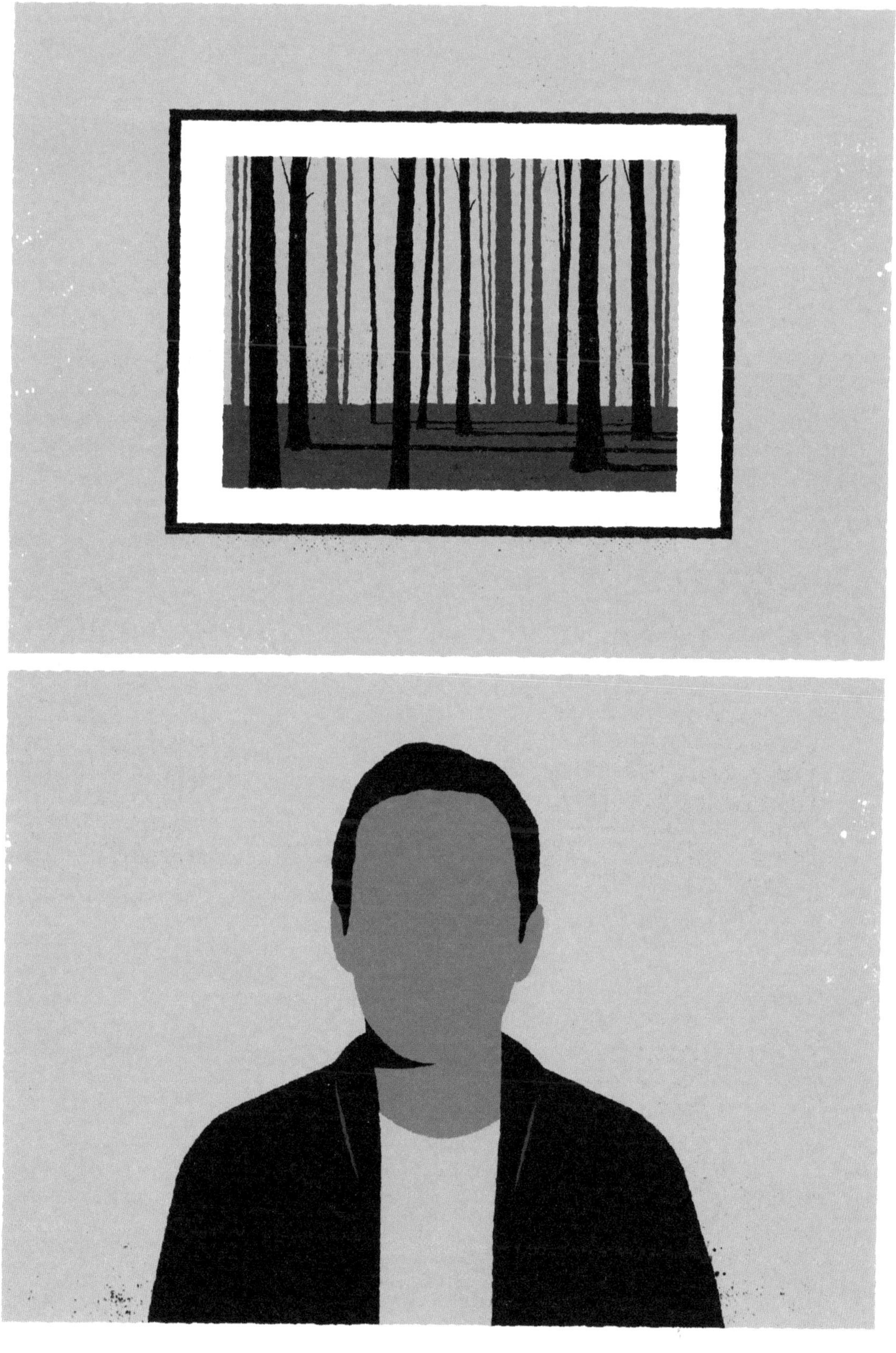

LAURENT !
TU ES ALLÉ PLUS VITE QUE MOI.
AH PARDON, PAPA.
ÇA VA ?
EUH... OUI, OUI.

BON, ON A TOUT VU, JE CROIS.
TU AS LE TEMPS DE DÉJEUNER ?
NON, DÉSOLÉ, J'AI PROMIS
À ANKA DE LA REJOINDRE.
ELLE EST AU PARC
AVEC SA NIÈCE, JUSTE À CÔTÉ.

ENTENDU, EMBRASSE-LA POUR MOI, ALORS.
ÇA MARCHE, MERCI ENCORE DE M'AVOIR ACCOMPAGNÉ.

TUAT
NEC

HEY !
HEY, ÇA VA ?
LAURENT !
C'ÉTAIT BIEN L'EXPO
AVEC TON PÈRE ?

OUI, MAIS ÉTRANGE. UNE PHOTO M'A FAIT PENSER À ÉRIC.
AH, ET TU TE SENS COMMENT ?
ÇA VA ALLER.
JE CROIS.

ON VA S'ASSEOIR UN PEU ? IL Y A UNE TERRASSE LÀ, ON PEUT PRENDRE UN CAFÉ.
TU VEUX UN CHOCOLAT CHAUD ?
OUI !

ALORS, TU ES CONTENTE DE TA JOURNÉE AVEC NOUS ?
OUI !

QU'EST-CE QUE TU VOUDRAIS FAIRE, MAINTENANT ?
EUH, JE SAIS PAS...
TU VEUX REFAIRE UN TOUR DE MANÈGE ?
JE SAIS PAS...

ÇA VA ?
OUI...

JE VOULAIS JUSTE...

...VOUS POUVEZ ME RACONTER...

LE BATACLAN

ACHEVÉ D'IMPRIMÉ EN SEPTEMBRE 2023

PAGE 5 : ÉCRITE PAR DICK HOLLER, LA CHANSON « ABRAHAM, MARTIN AND JOHN » A ÉTÉ ORIGINELLEMENT ENREGISTRÉE PAR DION, AVEC LE LABEL LAURIE RECORDS EN 1968.
PAGE 75 : ŒUVRE REPRODUITE AVEC L'AIMABLE AUTORISATION DE SAMUEL ECKERT (SAMUELECKERT.COM)

ISBN : 978-2-221-26119-4
DÉPÔT LÉGAL : OCTOBRE 2023
N° ÉDITEUR : 65820/01
PHOTOGRAVURE : LE SPHINX
IMPRIMÉ EN FRANCE PAR ESTIMPRIM - 25110 AUTECHAUX